LES PETITES REVUES

EDITION DE LA

REVUE BIBLIO-ICONOGRAPHIQUE

---

*Tiré à 200 exemplaires, dont 25 sur papier de Hollande,
tous numérotés*

Nᵒ 

LES
PETITES REVUES

ESSAI DE BIBLIOGRAPHIE

PRÉFACE

Par REMY DE GOURMONT

A PARIS

LIBRAIRIE DV MERCVRE DE FRANCE

XV, RVE DE L'ÉCHAVDÉ

MDCCCC

PRÉFACE

De 1890 à 1898, il a été publié une centaine au moins de revues nouvelles, plus ou moins imitées du *Mercure de France*, de la *Revue Blanche*, de l'*Ermitage*, de la *Plume*, ces quatre témoins d'un effort littéraire qui n'a pas été sans importance ni sans résultat. C'est l'époque où le « Symbolisme » commence à intéresser le public et le monde bibliophile ; mais son apparition est notablement plus ancienne, puisque, dès 1884, on trouve dans la *Revue Indépendante* la trace de préoccupations qui ne sont plus « naturalistes ». Antérieurement à 1884, et très anciennement, dès l'ère romantique, la « Petite Revue » existe déjà. L'auteur de cet essai ne s'est pas soucié de remonter si haut ; on le regrettera peut-être, et aussi que, pour la période pré-symboliste, il se soit borné à mentionner seulement quelques revues rares, mal connues, comme celle que dirigea Villiers de l'Isle-Adam, cette admirable *Revue des Lettres et des Arts* qui, dès 1867, donne une épreuve avant la lettre de ce que sera la littérature vingt ans plus tard.

Le présent essai, qui comprend 130 numéros environ, sans être complet, constitue cependant un petit répertoire assez curieux que ne pourront dédaigner les futurs historiens de notre époque littéraire. Il faut espérer qu'il sera complété et continué.

Sur l'importance des « petites revues », je dirai seulement ceci que jamais, à aucun moment de leur carrière, ni Villiers, ni Verlaine, ni Mallarmé, ni Laforgue ne publièrent leurs œuvres que dans des revues dont quelques-unes furent si « petites » que leur nom est devenu une énigme. Il y a, par exemple, du Mallarmé dans le *Papillon* (1862), la *Saison à Vichy* (1865), la *Renaissance* (1872). Beaudelaire a collaboré au *Présent*, au *Corsaire-Satan*, à l'*Echo des Théâtres*, à la *Semaine Théâtrale*, au *Monde littéraire*, à la *Petite Revue*. On s'est amusé à dresser la liste des collaborateurs de la *Revue indépendante* et de la *Revue des Deux-Mondes* pour une période prise au hasard, 1886-1887. Du côté petite revue, on trouve : Tolstoï, Bourget, Barbey d'Aurevilly, Huysmans, Wyzewa, Laforgue, Mallarmé, Anatole France, Villiers de l'Isle-Adam, Mirbeau, E. de Goncourt, H. Lavedan, L. Descaves, Th. de Banville, G. Rodenbach, E. Verhaeren, Paul Hervieu ; — et de l'autre, du côté grande revue : Rabusson, Broglie, Charmes, Lavisse, Bellaigue, Theuriet, Rousset, Jusserand, Bentzon, Du Camp, André Lemoyne, Delard, Cherbuliez, Georges Duruy, Geor-

ges Lafenestre, Vogüé, Brunetière, Ganderax, Moi-
reau, Frédéric Houssay, Victor du Bled. Cela donne
à réfléchir.

On ne trouvera aucun détail particulier sur les revues qui continuent de paraître et dont chacun peut
facilement apprécier la valeur et décider si, petites
revues à l'origine, elles sont restées telles au cours
des années. La mention du *Mercure de France* porte,
par exemple, « de 32 à 300 pages » : cela suffit en
effet. D'ailleurs tout bon bibliophile sait utiliser au
besoin les marges d'un catalogue.

La seule date notée est celle du n° 1 de chaque
revue ; comme le rédacteur n'a parfois eu entre les
mains que des numéros postérieurs et que la pério-
dicité de ces recueils fut souvent variable, cette
date n'est sans doute pas toujours rigoureuse, à un
mois, à une quinzaine, à une semaine près.

On pourrait recueillir, pour une telle bibliographie, à la Bibliothèque Nationale et dans le *Journal
de la Librairie* des renseignements abondants et
précis ; oui, mais tellement abondants qu'ils de-
viennent inutiles, car comment distinguer, à pre-
mière vue, entre les milliers de titres des publi-
cations nouvelles, ceux qui se rapportent à des
recueils de littérature, — et de littérature par-
ticulière, de « littérature d'art » ? D'autre part,
le dépôt de ces petites revues est fort irrégulier
et pour celles publiées en Belgique, assez nom-
breuses, toute trace en serait vainement cherchée
rue de Richelieu. Enfin, l'auteur de ces notes me
prie de le déclarer, il n'a prétendu qu'à donner
le résumé de ce qu'il avait sous la main et rien

de plus ; il offre cela comme une contribution telle quelle à l'histoire littéraire et non comme un travail définitif. C'est le premier essai de bibliographie spéciale des petites revues de notre temps : voilà tout.

Remy de Gourmont.

LES PETITES REVUES

ACADÉMIE FRANÇAISE (L'). Revue d'art et de littérature. Directeur, Saint-Georges de Bouhélier. — Paris, 76, rue Blanche.

Mensuel. 32 pages in-8°.

N° 1 : février 1893.

A partir du n° 2, devient l'*Assomption*.

ACTION (L') libertaire, anti-communiste, anti-collectiviste. Directeur, Otto. — Paris, 292, boulevard Voltaire.

Hebdomad. 4 pages in-folio.

N° 1 : 14 décembre 1895.

Articles de Paul Adam et Remy de Gourmont.

ALBUM DES LÉGENDES (L'). Directeurs, A. et J. des Gachons. — Paris, 40, rue de Buci.

Mensuel. 16 pages in-16.

N° 1 : janvier 1894.

ALMANACH PARISIEN. Lanterne magique. Pièces curieuses à voir. Directeur, Fernand Desnoyers. — Paris, E. Pick, éditeur.
Annuel. 128 pages in-16.
N° 1 : 1860.
Collaborateurs : Th. Gautier, Th. de Banville, Ch. Baudelaire, etc. Dessins de Gustave Courbet, Léopold Flameng, etc.

ANTHOLOGIE-REVUE. Directeur, Edward Sansot-Orland. — Milan.
Mensuelle. 24 pages gr. in-12 étroit.
N° 1 : novembre 1897.

ARTE. Revue internationale. Directeur, Eugenio de Castro. — Coïmbre.
Mensuel. 32 pages in-8°.
N° 1 : novembre 1895.

ART (L') et l'IDÉE. Revue contemporaine du dilettantisme littéraire et de la curiosité. Directeur, Octave Uzanne. — Paris, quai Voltaire.
Mensuel. 64 à 80 pages gr. in·8°.
N° 1 : janvier 1892.

ART JEUNE (L'). — Bruxelles.
Mensuel. 32 pages pet. in-4°.
N° 1 : janvier 1895.
Collaborateurs : Ch. Van Lerberghe, André Ruyters, Henri Maubel, etc.

ART LITTÉRAIRE (L'). Bulletin d'art et de critique. Réd. en chef : Louis Lormel. — Paris, 3, rue du Four.

Mensuel. 4 pages in-4°.
N° 1 : décembre 1892.
Nouvelle série : 32 pages in-8°.
N° 1 : janvier 1894.
Collaborateurs : Remy de Gourmont, Henri de
Régnier, Saint-Pol-Roux, René Ghil, Alfred Jarry,
Gustave Kahn, André Gide, etc.

ART MODERNE (L'). Directeurs, Octave Maus, Edm.
Picard, E. Verhaeren. — Bruxelles.
Hebdomad. 8 pages in-4°.
N° 1 : 1881.

ART SOCIAL (L'). Directeur, Gabriel De La Salle. —
Paris, 5, impasse de Béarn.
Mensuel. 24 pages gr. in-12.
N° 1 : décembre 1891.

ASSOMPTION (L'). Directeur : Saint-Georges de Bou-
hélier. — Paris, 76, rue Blanche.
Mensuel. 20 pages in-8°.
N° 1 : mars 1892.

AUBE (L'). Artistique, littéraire, internationale.
Directeur, P. Guédy. — Paris, 69, rue Blanche.
Mensuelle. 16 pages gr. in-4°.
N° 1 : avril 1896.

AUBE MÉRIDIONALE (L'). — Montpellier.
Mensuelle. 32 pages in-8°.
N° 1 : mars 1898.
A été précédé d'une *1re série*.

CARCAN (Le). Rédacteur en chef, Paul Adam.
N° 1 : 1885.

CENTAURE (Le). Directeur, Henri Albert. — Paris, 9, rue des Beaux-Arts.

Trimestriel. 150 pages in-4°.

N° 1 : avril 1896.

Collaborateurs : Pierre Louys, Henri de Régnier, André Gide, Paul Valéry, A. F. Herold, etc.

CHASSEUR DE CHEVELURES (Le). Moniteur du Possible. Directeur, Tristan Bernard. — Paris, 15, rue Vezelay.

Bi-mensuel. 4 pp. gr. in-folio.

N° 1 : 15 janvier 1892.

CHIMÈRE. Indépendante et d'insolence littéraire. Directeur, Paul Redonnel. — Montpellier.

Mensuelle. 16 pages in-8°.

N° 1 : août 1891.

Collaborateurs : Pierre Dévoluy, Armand Silvestre, Louis Dumur, Remy de Gourmont, Jules Renard, etc.

CITÉ D'ART (La). Littéraire, artistique, sociale. Rédacteur en chef, Clément Lanquine. — Paris, 19, boulevard Haussmann.

Mensuelle. 32 pages in-8°.

N° 1 : janvier 1898.

COMME IL NOUS PLAIRA. Rédacteurs : Georges Rency, André Ruÿters, etc. — Bruxelles.

Mensuel. 24 pages gr. in-12.

N° 1 : octobre 1897.

COQ ROUGE (Le). Revue littéraire. Comité de Rédaction : L. Delattre ; E. Demolder ; G. Eekhoud ; M. Maeterlinck ; F. Nautet ; E. Verhaeren. — Bruxelles.

Bi-mensuel. 64 pp. in-8°.

N° 1 : mai 1895.

Coopération des idées (La). Revue de sociologie positive. Directeur. G. Deherme. — Paris, 17, rue Paul-Bert.

Mensuelle. 16 pages in-8°.

N° 1 : février 1896.

Coupe (La). Recueil d'Art et d'Ethique. Directeur, Richard Wémau. — Montpellier.

Mensuel. 16 pages in-8° étroit.

N° 1 : octobre 1895.

Collaborateurs : Remy de Gourmont, Emile Verhaeren, Stéphane Mallarmé, etc.

. Cœur (Le). Esotérisme, littérature, science, art. Rédact. en chef, Jules Bois. — Paris, 20, rue Chaptal.

Mensuel. 16 pages gr. in-4°.

N° 1 : avril 1893.

Critique (La). Directeur, Georges Bans. — Paris, 50, boulevard de Latour-Maubourg.

Bi-mensuel. 12 pages gr. in-8°.

N° 1 : 5 mars 1895.

1. Croisade (La). Revue d'art et de littérature. Directeur, Emile Boubert. — Le Havre.

Mensuel. 24 pages in-8°.

N° 1 : janvier 1892.

Collaborateurs : Henri Mazel, Robert de la Ville-hervé, Jules Bois, etc.

2. Croisade (La). Revue de l'Art indépendant.

Rédact. en chef : Maurice Thomas. — Paris, 47, rue de Turbigo.

Mensuelle.

N° 1 : mai 1893.

CROIX ET l'ÉPÉE (La). Journal hebdomadaire paraissant le samedi. Rédact. en chef : A. Villiers de l'Isle-Adam. — Paris.

N° 1 : 19 avril 1879.

N°s 1-2 : *Azraël ;* n°s 3 et 4 : *Impatience de la Foule.*

CRYPTE (La).

(Voir Le *Sillon*).

D'ART. Directeur, Albert Boissière. — Paris, 7, cité Jarry.

Mensuel. 16 pages in-8°.

N° 1 : mars 1895.

Collaborateurs : Jean Richepin, François Coppée, Henri Mazel, etc.

DÉCADENCE (La). Artistique et littéraire. Directeur, E.-G. Raymond. — Paris, 14, rue Littré.

Hebdomad. 4 pages gr. in-4°.

N° 1 : 1er octobre 1886.

Collaborateurs : Paul Verlaine, Stéphane Mallarmé, René Ghil, Hugues Rebell, etc.

DÉCADENT (Le). Littéraire et artistique. Directeur, Anatole Baju. — Paris, 5 *bis*, rue Lamartine.

Hebdomad. 4 pages in-folio, et, à partir du n° 36, bi-mensuel de 16 pages in-16.

N° 1 : 10 avril 1886.

Collaborateurs : Paul Verlaine, Maurice du Plessys, Barbey d'Aurevilly, René Ghil, Stéphane Mal-

larmé, Jean Lorrain, Albert Aurier, Rachilde, Ernest
Raynaud, Laurent Tailhade, Arthur Rimbaud, Jules
Laforgue, Jean Moréas, Gustave Kahn, Stuart Merrill,
Paul Adam, etc.

DERNIÈRE MODE (La). Gazette du monde et de la
famille. Directeur, Marasquin. — Paris.
   Bi-mensuelle. 8 pages petit in-folio.
   N° 1 : 6 septembre 1876.
   Presque entièrement rédigé par Stéphane Mal-
larmé, sous divers pseudonymes. Autres collabora-
teurs : Banville. Coppée, Sully-Prudhomme, Cladel,
Mendès, A. Daudet. — Une notice détaillée sur ce
journal rarissime, publiée en 1890 dans la *Revue
Indépendante*, a été reproduite par le *Mercvre de
France* d'octobre 1898.

DIABLE (Le). Rédacteur en chef, Evode Chevalier.
Paris, 2, place Louvois.
   Hebdomad. 8 pages in-folio.
   N° 1 : 15 février 1870.
   N° 11 : *Vireloque*, par E. et J. de Goncourt. Le
Réalisme, par Champfleury.

ECRITS POUR L'ART. Directeur, G. Dubédat. — Pa-
ris, 43, rue Saint-Lazare.
   Mensuels. 16 pages in-8°.
   N° 1 : janvier 1887.
   Collaborateurs : René Ghil, Stuart Merrill, Henri
de Régnier, Fr. Vielé-Griffin, Emile Verhaeren.

EFFORT (L'). Directeur, Maurice Magre. — Toulouse.
   Mensuel. 32 pages in-8°
   N° 1 : mars 1896.

ENCLOS (L.). Arts. Administrateurs, F. Vincent, H. Samon. — Paris, 7, rue de l'Annonciation.
Mensuel. 16 pages in-16.
N° 1 : avril 1895.

EN DEHORS (L'). Directeur, Zo d'Axa. — Paris, 12, rue Bochard de Saron.
Hebdomad. 4 pages gr. in-folio.
N° 1 : 25 avril 1892.

ENTRETIENS. Politiques et littéraires. Directeur, Georges Vanor. — Paris, Librairie de l'Art indépendant.
Mensuels. 32 et 48 pages in-16.
N° 1 : avril 1890.
Collaborateurs : Paul Adam, H. de Régnier, Fr. Vielé-Griffin, Bernard Lazare, Jules Laforgue (Inédits posthumes), A.-F. Herold, E. Dujardin, Pierre Quillard, André Gide, Stéphane Mallarmé, Remy de Gourmont, etc.

EPREUVE LITTÉRAIRE (L'). Supplément français de *Pan* (1). Directeur : Henri Albert. — Paris, 9, rue des Beaux-Arts.
Cinq fois par an. 8 pages gr. in-4°.
N° 1 : avril-mai 1895.
Collaborateurs : Gustave Kahn, Paul Verlaine, Paul Fort, Remy de Gourmont, etc.

ÈRE NOUVELLE (L'). Directeur, Georges Diamandy. Paris, 33, rue des Ecoles.
Mensuelle.
N° 1 : juillet 1893.

(1) *Revue allemande.*

Escarmouche (L'). Directeur, Georges Darien. —
Paris, 15, rue Baudin.
Hebdomad.
N° 1 : novembre 1893.

Essais (Les). — Voir : *Réveil* (Le).

Essais d'art libre. Directeur : Edmond Coutances. — Paris, E. Girard.
Mensuels, 48 pages in-16.
N° 1 : janvier 1892.
Collaborateurs : Henry Bérenger, Camille Mauclair, Remy de Gourmont, Henri Mazel, Paul Roinard, G.-A. Aurier, Hugues Rebell.

Essais de jeunes. Rédact. en chef : Emmanuel
Delbousquet. — Toulouse.
Mensuel, 8 pp. in-8°.
N° 1 : mars 1892.

Ermitage (L'). Directeur : Henri Mazel. — Paris,
26, rue de Varenne.
Mensuel, 64 pages in-8°.
N° 1 : avril 1890.
Nouvelle série ; directeur : Edouard Ducoté. —
Paris, 18, rue de l'Odéon.
Mensuel illustré, 80 pages in-12, puis in-16.
N° 1 : janvier 1897.

Floréal. Revue de littérature et d'art. Directeur,
Paul Gérardy. — Liége.
Mensuelle, 40 pages in-8°.
N° 1 : janvier 1892.
Collaborateurs : Camille Lemonnier, Pierre Louys,
M. Maeterlinck, Pierre Quillard, Henri de Ré-

guier, Emile Verhaeren, Albert Mockel, Max Elskamp, etc.

LA FRANCE MODERNE. Littérature, Sciences et Arts.
Réd. en chef : Jean Lombard. — Marseille.
Hebdomad. 4 pp. gr. in-folio.
Nº 1 : 1889.

GAZETTE DE CHAMPFLEURY. — Paris, Blanchard,
éditeur.
Mensuelle. 128 pages in-16.
Nº 1 : novembre 1856.
C'est ce numéro, le seul curieux, qui contient la
critique d'*Une vieille Maîtresse*.

GERMINAL. Revue d'art et de sociologie. Directeur,
Louis Raymond. — Lyon.
Mensuelle. 32 pages in-8º.
Nº 1 : janvier 1899.

IBIS (Les). Directeurs, H. Degron et T. Klingsor.
Mensuelle, 16 pages in-16.
Nº 1 : avril 1894.

IDÉE LIBRE (L'). Secrét. de la Réd. : Émile
Besnus. — Paris, 28, rue des Écoles.
Mensuelle, 32 pages in-8º.
Nº 1 : avril 1892.
Nº 1. Baudelaire, vers inédits : « Tout là-haut,
tout là-haut, loin de la route sûre...»

IDÉE MODERNE (L'). Revue littéraire, artistique et
philosophique. Directeur, Nicole Chambellan. —
Paris, 85, rue N.-D. des Champs.
Mensuelle, 16 pages in-8º.

N° 1 : septembre 1894.

Collaborateurs : Gustave Kahn, G. Rodenbach, A.-F. Herold, Paul Fort, André Gide, Henri de Régnier, Remy de Gourmont, etc.

JEUNE BELGIQUE (La). Revue de littérature et d'art. — Bruxelles.

Mensuelle. 20 à 40 pages in-8°.

N° 1 : janvier 1881.

Collaborateurs, les principaux écrivains français de nationalité belge, jusque vers 1886.

JEUNE FRANCE (La). Directeur, Paul Demeny. — Paris, 55, rue de Châteaudun.

Mensuel. 64 pages in-8°

N° 1 : août 1878.

Collaborateurs : Leconte de Lisle, Léon Dierx, Gabriel Vicaire, Catulle Mendès, Paul Bourget, Fr. Coppée, Émile Michelet, Ch. Morice, etc.

N°ˢ 88 et suiv. : Villiers de l'Isle-Adam, *Axël*.

JOUTE (La). Littéraire, artistique, musicale. Directeur, Masson Darboy. — Paris, 110, boulevard Saint-Germain.

Hebdomad. 4 pages in-4°.

N° 1 : 31 janvier 1892.

1. LIVRE D'ART. Directeur, Paul Fort. — Asnières, 12, rue du Bac.

Irrégulier, 8 à 32 pages in-4°.

N° 1 : mai 1892.

Collaborateurs : Remy de Gourmont, P.-N. Roinard, A.-F. Herold, Saint-Pol-Roux, Rachilde, etc.

2. LE LIVRE D'ART. Illustré de planches originales.

Dirccteur, Maurice Dumont. — Paris, 41, quai des Grands-Augustins.
Mensuel. 32 pages in-4°.
N° 1 : mars 1896.

LE LIVRE DES LÉGENDES. Directeur, Jacques des Gachons. — Paris, 40, rue Buci.
Mensuel illustré.
N° 1 : janvier 1895.
Collaborateurs : René Boylesve, Jacques des Gachons, Jean Lorrain, Maurice Magre, Stuart Merrill, Henri de Régnier, Georges Rodenbach, F. Vielé-Griffin, etc.
Suite de l'*Album des Légendes*.

LUTÈCE.
Voyez : *Nouvelle Rive Gauche*.

MAGAZINE INTERNATIONAL (Le). Directeur, Léon Bazalgette. — Paris, 3, place Wagram.
Trimestriel. 48 pages gr. in-8°.
N° 1 : décembre 1894.

MATINES. Revue de littérature et d'art. Rédact. en chef, Serge Basset. — Paris, 42, rue Fontaine-Saint-Georges.
Mensuelle. 64 pages in-8°.
N° 1 : octobre 1897.

MERCVRE DE FRANCE. Recueil d'art et de littérature. Rédacteur en chef, Alfred Vallette. — Paris, 15, rue de l'Échaudé.
Mensuel. 32 à 320 pages in-8°.
N° 1 : janvier 1890.

Modernistе (Le). Rédact. en chef, G.-Albert Aurier. — Paris, 85, rue des Martyrs.

Hebdomad. 8 pages gr. in-4°.

N° 1 : 6 avril 1889.

Collaborateurs : G. Randon, E. Dubus, J. Leclercq, Saint-Pol-Roux, Ch. Morice, P. Gauguin, Ephraïm Mikhaël, etc.

Mouvement littéraire (Le), Directeurs, Fernand Roussel, Raymond Nyst, Léon Donnay. — Bruxelles.

Bimensuel. 8 pages in-4 .

N° 1 : janvier 1892.

Nib. Moniteur des peaux et des tringles. Rédacteur, Tristan Bernard. — Supplément illustré de la « Revue Blanche ».

Mensuel. 4 pages gr. in-4°.

N° 1 : janvier 1895.

Nouvelle némésis (La). — Paris, 9, rue de Laval prolongée.

Hebdomad. 16 pages in-8°.

N° 1 : 8 août 1868.

Cette revue, entièrement rédigée en vers, eut pour principaux collaborateurs : Victor Hugo, Ernest d'Hervilly, Th. de Banville, Aristide Roger, Emmanuel des Essarts, Robert Luzarche, Amédée Rolland, Paul Verlaine, Alexis Bouvier et divers poètes cachés sous les pseudonymes de Baron Grog, Marcus Nothing, Sylvestris, etc.

Nouvelle rive gauche (La). Politique et littéraire. Rédact. en chef, Léo Trezenik. Secrétaire de la rédaction, Georges Rall. — Paris, 63 *bis*, rue du Cardinal Lemoine.

Hebdomad. 4 pages in-folio.

N° 1 : 9 novembre 1882.

Au n° 60, (6 avril 1883), le titre devient : *Lutèce*; 83, rue Vaneau, puis 16, boulevard Saint-Germain. — Le numérotage de la *Nouvelle Rive Gauche* passe de 8 à 49 ; celui de *Lutèce*, de 179 à 190. Les collectionneurs doivent être prévenus de ces lacunes, imaginées précisément pour les dérouter.

Collaborateurs, Moréas, Tailhade, Vigner, Willy, Paul Adam, Rachilde, Dumur, d'Esparbès, Ajalbert, Rollinat, Cladel, Verlaine, H. de Régnier, F. Vielé-Griffin, etc.

Œuvre (L'). Revue de littérature et d'art. Directeur, Jules Nadi. — Valence-sur-Rhône.

Mensuelle. 16 pages in-8°.

N° 1 : juillet 1897.

Pagan Review (The). Rédacteurs : W. S. Franshawe, Geo. Gascoigne, Charles Verlayne, etc. — Rudgwick (Sussex).

Mensuel. 64 pp. in-8°.

N° 1 : 15 août 1892. (Date remplacée *à la main* sur tous les exemplaires par 15 sept.)

Imitation et parodie des revues symbolistes françaises.

Pages littéraires. — Genève.

Mensuelles, 48 pages in-12.

N° 1 : juillet 1894.

Paillasson (Le). Pasquil hebdomadaire. — Toulouse et Bigorre.

Entièrement rédigé par Laurent Tailhade ; parut en 1886 et 1887.

Pal (Le), par Léon Bloy. — Paris, 146, rue Montmartre.
Hebdomad. 32 pages in-16.
N° 1 : 4 mars 1885.

Panurge. Directeur, Félicien Champsaur.
N° 1 : 1883.

Pays de france (Le). Rédact. en chef, Joachim Gasquet. — Aix-en-Provence.
Mensuelle. 64 pages in-8°.
N° 1 : janvier 1899.

Petite revue (La). Littérature et art. Directeur : A. Demare. — Paris, Léon Vanier.
Mensuelle, 108 pages in-18.
N° 1 : janvier 1888.
Collaborateurs : G. Bonnamour, Léon Deschamps, Paul Verlaine, etc.

1. Pléiade (La). Directeur, Rodophe Darzens. — Paris, 99, rue de Richelieu.
Mensuelle, 32 pages in-8°.
N° 1 : mars 1886.
Collaborateurs : Jean Ajalbert, Mooris Maeterlinck, René Ghil, Ephraïm Mikhaël, Pierre Quillard, Paul Roux, etc.
N° 3. Mooris Maeterlinck, *Le Massacre des Innocents*, nouvelle.

2. PLÉIADE (La). Réd. en chef, Louis-Pilate de Brinn' Gaubast. — Paris, 18, rue Duperré.
Mensuelle, 32 pages in-8°.
N° 1 : 15 avril 1889.
Collaborateurs : G.-A. Aurier, Ed. Dubus, Louis Dumur, Maurice Barrès, G. d'Esparbès. F. Vielé Griffin, Rachilde, Pierre Quillard, Henri de Régnier, Laurent Tailhade, Alfred Vallette, etc.

PLUME (La). Littéraire, artistique, sociale. Directeur : Léon Deschamps. — Paris, 31, rue Bonaparte.
Bi-mensuelle, gr. in-8°, puis in-4° de 16 à 32 pp. et plus.
N° 1 : mai 1889.

POUR FUIR... Livret de vers. Directeurs, Louis Tiercelin, Edouard Beaufils. — Rennes.
Mensuel. 20 pages in-16.
N° 1 : janvier 1890.

PROCOPE (Le). Journal parlé. Directeur, Théo. — Paris, 13, rue de l'Ancienne-Comédie.
N° 1 : novembre 1893.

PROVINCE NOUVELLE (La). Directeur : Laurent Savigny. — Auxerre.
Mensuelle, 32 pages in-8°.
N° 1 : mai 1896.
Collaborateurs : Remy de Gourmont, Paul Fort, etc.

PSYCHÉ. Revue d'art et de littérature. Rédact. en chef, Emile Michelet. — Paris.
Mensuelle.
N° 1 : Novembre 1892.

Républiq008 des lettres (La). Rédact. en chef, Catulle Mendès. - - Paris, Librairie Derenne.

Mensuelle, 32 à 36 pages in-8°.

N° 1 : Décembre 1875.

Collaborateurs : Th. de Banville, J. Soulary, Henry Maret, Jean Richepin, Stéphane Mallarmé, L. Cladel, Léon Hennique, J.-K. Huysmans, etc.

Deuxième série. — Paris, Richard Lesclide.

Hebdomad. 24 à 32 pages in-8°.

N° 1 : 9 juillet 1876.

N° 1 et suiv. Emile Zola, *L'Assommoir*, 2e partie. N° 2 et suiv. Théodore de Banville, *Contes pour les femmes*. N° 5, Villiers de l'Isle-Adam, *Véra*.

Parut encore dans cette seconde série, la traduction des *Poèmes* d'Edgar Poë, par Stéphane Mallarmé, et des vers et des proses de François Coppée, Léon Dierx, J.-K. Huysmans, etc.

Le rêve et l'idée. Documents sur le temps présent. Rédacteur en chef : Maurice Le Blond. — Paris, Vanier.

Mensuel. 24 pages in-8°.

N° 1 : mai 1894.

Réveil (Le). Flandre et Wallonie. Littérature et art. Comité de Réd. : Albert Arnay, Max Elskamp, Paul Gérardy, M. Maeterlinck, etc. — Bruxelles et Gand.

Mensuel. 64 pp. in-8°.

N° 1 : janvier 1892.

Suite de : *Les Essais*, in-4°, 1891.

Revue (La).

(Voir Le sillon).

REVUE ANARCHISTE. Science et Art. Secrétaires :
Charles Châtel et André Ibels. — Paris, 32, rue Ga-
brielle.

Bi-mensuelle. 32 pages in-8°.

N° 1 : 15 août 1893.

Devenue la *Revue Libertaire*, sans autres modifica-
tions en janvier 1894.

REVUE BLANCHE (La). Directeur, Alexandre Natan-
son. — Paris, 19, rue des Martyrs.

Mensuelle. 48 à 96 pages in-8°.

N° 1 : octobre 1891.

A partir du 1ᵉʳ janvier 1895, devient bi-mensuelle :
48 à 64 pages. — A été précédée d'une série in-4°
publiée par M. Jeunehomme, à Liège.

REVUE CONTEMPORAINE. Littéraire, politique et philosophique. Directeur, Adrien Remacle. — Paris, 2,
rue de Tournon.

Mensuelle. 152 pages in-8°.

N° 1 : janvier 1885.

Collaborateurs : Emile Hennequin, Edouard Rod,
Ed. Haraucourt, Jules Lemaître, Villiers de l'Isle-
Adam, F. de Pressensé, Gabriel Sarrazin, Charles
Morice, Maurice Barrès, Th. de Banville, Henry
Becque, François Coppée, Paul Verlaine, T. de Wy-
zewa, etc.

REVUE D'ART (La)...

N° 1 : 20 juin 1896.

REVUE D'AUJOURD'HUI. Directeur, Tola Dorian. —
Paris, 21, rue des Martyrs.

Mensuelle. 64 pages in-8°.

Nº 1 : janvier 1890.

Nº 3. Charles Baudelaire, *Argument d'un livre sur la Belgique* ; Paul Verlaine, *Critique des « Poèmes Saturniens »*. — Nº 6. Stéphane Mallarmé, *Conférence sur Villiers de l'Isle-Adam* ; Villiers de l'Isle-Adam, *Vers inédits*.

REVUE DE LA LITTÉRATURE MODERNE. Directeur, Auguste Chauvigné.

Mensuelle, puis bi-mensuelle, 16 pages in-4ᵘ.

Nº 1 : Décembre 1885.

REVUE DE L'ÉVOLUTION. Sociale, scientifique et littéraire. — Paris, 24, rue Chauchat.

Bi-mensuelle, 32 pages in-4°.

Nº 1 : 1ᵉʳ février 1891.

REVUE DES LETTRES ET DES ARTS. Rédact. en chef, Villiers de l'Isle-Adam. — Paris, 5, rue de Choiseul.

Hebdomad., 16 pages gr. in-8°.

Nº 1 : 13 octobre 1867.

Nᵒˢ 1 et suiv. Villiers de l'Isle-Adam, *Histoires moroses*. I. *Claire Lenoir* (premier texte de *Tribulat Bonhomet*). — Nº 2 et suiv. Stéphane Mallarmé, *Pages oubliées : Poèmes en prose* (premier texte de ces poèmes tant réimprimés) : *Causerie d'hiver* ; *Pauvre enfant pâle* ; *L'orgue de Barbarie*, etc. — Nº 8. Villiers de l'Isle-Adam, *Hamlet*. — Nº 9. Villiers de l'Isle-Adam, *Histoires moroses : L'Intersigne*.

Autres collaborateurs : Philoxène Boyer, Th. de Banville, F. Coppée, Ed. et J. de Goncourt, J.-M. de Heredia, Augusta Holmès, Leconte de Lisle, Paul Verlaine, Catulle Mendès, Judith Walter, etc.

Au n° 25, on annonce que la *Revue* cesse de paraître et sera suppléée par *La Fronde*, publication bi-mensuelle, dirigée par Félicien Rops et Georges Maillard.

Revue du monde nouveau. Littéraire, artistique, scientifique. Rédact. en chef, Charles Cros. — Paris, 21, faubourg Montmartre.

Mensuelle. 80 pages in-8°.

N° 1 : février 1874.

N° 1. Stéphane Mallarmé, *Le Démon de l'analogie* ; Emile Zola, *Villégiature* ; Villiers de l'Isle-Adam, *Un Convive inconnu* ; Charles Cros, l'*Alchimie moderne* ; Th. de Banville, Ch. Cros, Léon Dierx, Leconte de Lisle, Sully-Prudhomme, *Poèmes*. — N° 2. Alphonse Daudet, *En Camargue* ; Ch. Cros, *La Science de l'amour* ; Villiers de l'Isle-Adam, *Le Candidat*, de Gustave Flaubert ; Ch. Cros, Léon Valade, J.-M. de Heredia, Germain Nouveau, *Poèmes*.

Revue fantaisiste (La). Rédacteur en chef, Catulle Mendès. — Paris, Passage Mirès, Escalier C, (3ᵉ étage).

Bi-mensuel. 64 pages in-8, le 1ᵉʳ et le 15 de chaque mois.

N° 1 : 15 février 1861.

La publication renferme 7 eaux fortes de Bresdin.

Collaborateurs : Charles Asselineau, Hippolyte Babou, Théodore de Banville, Jules Barbey d'Aurevilly, Charles Bataille, Charles Baudelaire, Henry Blaze de Bury, Philoxène Boyer, Charles Coligny, Champfleury, Léon Cladel, Alphonse Daudet, Ernest Daudet, Louis Depret, Emile Deschamps, Alcide Dusolier, Etienne Maurice, Alfred de Essarts, Emmanuel des Essarts, A. de Gasperini, Théophile Gauthier (*sic*), Edmond et Jules de G███████t, Léon Gozlan, Arsène Houssaye, Izalguie█████Janin, Paul Meurice, Charles Monselet, Antoin██████ulé, Jules Noriac, Mario Proth, Henri de Pène, Roger de Beauvoir, Amédée Rolland, Aurélien Scholl, Auguste Vacquerie, A. Villiers de l'Isle-Adam, Richard Wagner, William L. Hughes, Alexandre Weill.

REVUE FRANÇAISE. Directeurs-gérants, J. Morel, E. Oger. — Bureaux de la Revue française : 5, rue du Pont-de-Lodi.

Tri-mensuel, le 1, le 10 et le 20, par numéros de 3 feuilles in-8°.

N° 1 : février 1855.

Principaux collaborateurs, Victor Fournel, Octave Lacroix, Auguste Lacaussade, Xavier Marmier, Henri Cantel, Antony Meray, Sainte-Beuve, Thalès Bernard, Léon Gozlan, Philarde Chasles, Auguste Barbier, Mme Desbordes-Valmore, Méry, Leconte de Lisle, François Hugo, Hippolyte Babou, Théodore de Banville, Edm. et Jules de Goncourt, Ch. Barbara, Ernest Hello, André Lemoyne, Ch. Baudelaire.

2. REVUE FRANÇAISE, recueil universel. Directeur, Adolphe Amat. — Paris, 12, rue Jacob.

Mensuelle. 160 pages in-8°.

N° 1 : novembre 1861.

Collaborateurs, Asselinau, les Goncourt, Gozlan, Monselet, Claretie, Arsène Houssaye, etc.

N° 59 : Emile Zola, *Sur une tombe*, poésie.

Revue générale (Revue libérale), littéraire, politique, artistique. Directeur : Ch. de La Rivière. — Paris, 3, rue Corneille.

Hebdomad., 24 pages in-4°.

N° 1 : janvier 1883.

Suite de la *Revue libérale*, mensuelle, in-8°, dont le principal collaborateur fut Emile Hennequin.

Revue indépendante (La). Politique, littéraire et artistique. Rédact. en chef, Félix Fénéon. — Paris, 7, rue de Médicis.

Mensuelle. 84 pages in-12.

N° 1 : mai 1884.

Collaborateurs : Edmond de Goncourt, J.-K. Huysmans, Emile Hennequin, Henry Céard, Paul Verlaine, etc.

Deuxième série. — Même direction, adresse, et collaboration.

Bi-mensuelle. 32 pages in-8°.

N° 1 : 1er mai 1885.

Troisième série. — De littérature et d'art. Directeur, Edouard Dujardin. — Paris, 79, rue Blanche.

Mensuelle. 180 pages in-12.

N° 1 : novembre 1886.

Collaborateurs : T. de Wyzewa, Fourcaud, J.-K. Huysmans, Henry Céard, Stéphane Mallarmé, Jules Laforgue, Barbey d'Aurevilly, Paul Bourget. Félix Fénéon, Villiers de l'Isle-Adam, Georges Moore, Paul Adam, Henri de Régnier, Paul Verlaine, etc.

Quatrième série. — Rédacteur en chef, François de Nion. — Paris, A. Savine.

Mensuelle. 180 pages in-12.

N° 1 : janvier 1889.

Collaborateurs : Paul Verlaine, F. Vielé-Griffin, Henri de Régnier, Edouard Dujardin, Gustave Kahn, René Ghil, J.-H. Rosny, J.-K. Huysmans, Remy de Gourmont, etc.

Cinquième série. — Directeur, comtesse d'Izarn Freissinet. — Paris, A. Savine.

Mensuelle. In-18.

N° 1 : juillet 1895.

N°ˢ 1 et suiv. : Lettres inédites de Barbey d'Aurevilly.

1. REVUE JEUNE. Directeur, Maurice Pujo. —Paris, 51, rue Monsieur le Prince.

Mensuelle.

N° 1 : avril 1892.

2. REVUE JEUNE (La). Paris, 85, boulevard de Port-Royal.

Mensuelle. 32 pages in-8°.

N° 1 : janvier 1894.

REVUE LIBRE (La). Directeur, Paul Demény. — Paris, 52, rue Saint-Georges.

Hebdomad., 48 pages in-12.

N° 1 : mai 1888.

Suite de la *Jeune France*, dont elle continue le numérotage. Ce premier fascicule porte, en réalité : n° 117. Il contient : Villiers de l'Isle-Adam, *Curiosités sacrées : Le Chant du Coq.*

REVUE LITTÉRAIRE ET ARTISTIQUE. Directeur, Jean de la Leude. —Paris, 18, rue Bleue.

Bi-mensuelle. 32 pages in-4°.

N° 1 : janvier 1878.

28 janvier 1882 : Edmond de Goncourt, *Le Père Thibault*, nouvelle. — Articles de J.-K. Huysmans, Henry Céard, etc.

Deuxième série, en suite d'une revue intitulée : *La Plume*.

REVUE (La). Littéraire et artistique. Directeur, Charles Fuster. — Paris, 8, rue de Hanovre.

Mensuelle. 64 pages in-8°.

N° 1 : avril 1882.

REVUE MODERNISTE (La). Littéraire, artistique et philosophique. Directeurs, Victor André et Guillaume Bernard. — Paris, 3, rue Campagne-Première.

Mensuelle. 96 pages, petit in-8°.

N° 1 : février 1885.

N° 6. J.-K. Huysmans, *L'Etiage*. — N° 9, J.-K. Huysmans, *L'Obsession*. — Articles de Maurice Barrès, Charles Buet, Charles Morice, etc.

REVUE NATURISTE (La). Art et littérature. Directeur, Henri Stoël. — Paris, 12, rue Ganneron

Mensuelle. 64 pages in-8°.

N° 1 : janvier 1897.

REVUE NOUVELLE. Rédacteur en chef, Albert Collignon. — Paris, aux bureaux de la *Revue Nouvelle*, 17, rue Saint-Benoît.

Mensuelle. 48 pages in-8°.

N° 1 : décembre 1863.

Sommaire du n° 1 : Th. de Banville, *Le Pays Latin* ; Léon Cladel, *L'Enterrement d'un Ilote* ; Catulle Mendès, *Rondeaux parisiens* ; Albert Glatigny, *Poètes et Vaudevillistes* ; Cᵗᵉ V. de l'Isle-Adam, *Philoméla* ; Catulle Mendès, *Revue dramatique*, etc.

Revue parisienne, dirigée par M. de Balzac. — Paris, rue du Croissant, 16, Hôtel Colbert.
Mensuelle. 140 pages in-32.
Nº 1 : 25 juillet 1840.

Revue rose (La). Artistique et littéraire. Directeur, Henry Mériot. — Marennes.
Mensuelle. 32 pages in-8º.
Nº 1 : janvier 1885.
Collaborateurs : Léon Cladel, Georges Vanor, Henry Lapauze, Paul Margueritte, etc.

1. Revue rouge (La). Directeur, Gustave Lenglet. — Paris, 90, rue d'Assas.
Mensuelle. 16 pages in-4º.
Nº 1 : janvier 1896.
Nº 1. Paul Verlaine, *Mort !* (Derniers vers de Verlaine).

2. Revue rouge (La), de littérature et d'art. Rédacteur principal, F. Hache.
Mensuelle. 16 pages in-8º.
Nº 1 : octobre 1896.
Nº 6 : fragments de *D'Aucunes*, de Verlaine.

Revue sentimentale. — Paris, 35, rue des Ecoles.
Mensuelle. 48 pages in-16.
Nº 1 : avril 1896.

Revue wagnérienne. Directeur, Edouard Dujardin. — Paris, 24, rue des Martyrs.

Mensuelle. 32 pages in-8°.

N° 1 : février 1885.

Collaborateurs : Villiers de l'Isle-Adam, Catulle Mendès, Fourcaud, V. Wilder, T. de Wyzewa, Ed. Rod, Richard Wagner, etc.

Rue (La). Paris pittoresque et populaire. Rédacteur en chef, Jules Vallès. — Paris, 79, rue Richelieu.

Hebdomad. 8 pages in-folio.

N° 1 : 1er juin 1867.

Collaborateurs : Jules Vallès, Champfleury, A. Daudet, E. et J. de Goncourt, Monselet, etc.

Saint-Graal (Le). Rédact. en chef, Emmanuel Signoret. — Paris, 42, rue du Cherche-Midi.

Mensuel. 24 pages in-8°.

N° 1 : janvier 1892.

Collaborateurs : Paul Verlaine, Joachim Gasquet, Louis Le Cardonnel, etc.

Scapin (Le). Directeur, E.-G. Raymond. — Paris, 15, rue des Beaux-Arts.

Bi-mensuel. 24 pages in-12.

N° 1 : 1er septembre 1886.

Collaborateurs : Léon Cladel, René Ghil, Jean Lorrain, Louis Le Cardonnel, Stéphane Mallarmé, Victor Margueritte, Stuart Merrill, Rachilde, Jules Renard, Laurent Tailhade, Alfred Vallette, Paul Verlaine, Emile Verhaeren, Louis Dumur, Albert Samain, etc.

A été précédé d'une série de 18 numéros in-4°.

Le siècle littéraire. Directeur, Henri Malin. — Paris, 52, boulevard Saint-Michel.

Bi-mensuelle. 32 pages in-8°.

N° 1 : novembre 1875.

N°ˢ 12-13 : Paul Bourget, *Notes sur quelques poètes contemporains*.

LE SILLON. Directeur, Paul Renaudin. — Paris, 77, rue de Vaugirard.

Bi-mensuel. 48 pages in-16.

N° 1 : janvier 1899.

Suite et réunion de : Le *Sillon*, La *Crypte*, La *Revue*.

Le 1ᵉʳ n° du *Sillon* (1ʳᵉ série) est de janvier 1894 ; de La *Revue*, juin 1897.

SOCIÉTÉ NOUVELLE (La). Revue internationale. — Bruxelles.

Mensuelle. 136 pages in-8°.

N° 1 : janvier 1884.

Collaborateurs : Camille Lemonnier, Edmond Picard, J.-K. Huysmans, Georges Eekhoud, Emile Verhaeren, M. Maeterlinck, Clémence Royer, Eugène Demolder, Ch. Van Lerberghe, etc.

SONNET (Le). Rédacteur unique, Ch. Guérin. — Paris, impr. Guépin-Leblond.

Mensuel, in-8° allongé.

N° 1 : juin 1897.

SPECTATEUR (Le). Revue théâtrale, littéraire et artistique. Gazette des salons. Rédact. en chef : Jules de Clerville. Secrét. de la Rédact.: Louis de Gramont. — Paris, 1, rue Lepeletier.

Hebdomad., 32 pp. in-16.

N° 1 : 2 décembre 1875.

N° 3. Villiers de l'Isle-Adam, *A s'y méprendre* ;

Nº 9. Villiers de l'Isle-Adam, *Les Demoiselles de Bien-filâtre*.

SPECTATEUR CATHOLIQUE (Le). Science, art et jugement religieux. Directeur, Edmond de Bruijn. — Bruxelles.
Mensuel. 164 pages in-8º.
Nº 1 : janvier 1897.
Articles de : Max Elskamp, Louis Denise, Francis Jammes, Arnold Goffin, Henri Mazel, A. Mithouard, J.-K. Huysmans, R. de Gourmont, Ch. Morice. Dessins et gravures de Maurice Denis, Max Elskamp, etc.

SYMBOLISTE (Le). Littéraire et politique. Direction, Gustave Kahn, Jean Moréas, Paul Adam. — Paris.
Hebdomad., 4 pages in-folio.
Nº 1 : 1er octobre 1886.
Collaborateurs : Jules Laforgue, Jean Ajalbert, Camille de Sainte-Croix, etc.

SYRINX (La). Directeur, Joachim Gasquet. — Aix-en-Provence.
Irrégulier. 32 pages in-16.
Nº 1 : janvier 1892.

TACHÉS D'ENCRE (Les). Gazette mensuelle, par M. Maurice Barrès. — Paris, 76, rue Notre-Dame-des-Champs.
72 pages gr. in-18.
Nº 1 : 5 novembre 1884.

THÉLÈME...
Nº 1 : mai 1894.

THYRSE (Le). Recueil de philosophie, art et littérature. — Paris, 22, rue de l'Arbre-Sec.
Mensuel. 32 pages in-8°.
N° 1 : janvier 1897.

TRÈVE-DIEU (La). Revue littéraire. Directeur, Yves Berthou. — Le Hâvre.
Mensuelle. 32 pages in-8°.
N° 1 : janvier 1897.

VIE ARTISTIQUE (La). Directeur, Emile Delarue. — Paris, 4, rue de Douai.
Mensuelle. 16 pages in-4°. Illustrée.
N° 1 : août 1882.
Collaborateurs : Villiers de l'Isle-Adam, M. Bouchor, C. Mendès, Monselet, Ch. de Sivry, A. Silvestre, etc.
N° 7. Fragments du *Nouveau-Monde*, par Villiers de l'Isle-Adam.

VIE FRANCO-RUSSE (La). Rédact. en chef, Jehan Soudan ; Secrétaire de la rédaction : Paul Adam. — Paris, 11, rue Boudreau.
Hebdomad., 16 pages in-4°.
N° 1 : 12 février 1888.

1. VOGUE (La). Artistique, scientifique et sociale. Rédact. en chef, Léo d'Orfer. — Paris, 41, rue des Ecoles.
Hebdomad., 36 pages in-18.
N° 1 : 11 avril 1886.
Collaborateurs : Stéphane Mallarmé, Paul Verlaine, Villiers de l'Isle-Adam, Arthur Rimbaud, Charles Henry, Gustave Kahn, Charles Morice, Jean Moréas, Paul Adam, René Ghil, Jules Laforgue,

Edouard Dujardin, J.-K. Huysmans, F. Fénéon, Paul Bourget, etc.

2. Vogue (La). Rédact. en chef, Gustave Kahn.
Mensuelle. 96 pages in-16.
N° 1 : juillet 1889.
Collaborateurs : Henry de Régnier, A. Retté, F. Fénéon, Jean Lorrain, Fr. Vielé-Griffin, etc..

3. Vogue (La). Revue de littérature, d'art et d'actualité. — Paris, 54, rue des Ecoles.
Mensuelle. 72 pages in-18.
N° 1 : janvier 1899.

Wallonie (La). Revue de littérature et d'art. Directeur : Albert Mockel. — Liège.
Mensuelle : 32 à 64 pp. petit in-8°.
N° 1 : janvier 1886.
Collaborateurs : Stéphane Mallarmé, Emile Verhaeren, Fr. Vielé-Griffin, Henri de Régnier, André Gide, Pierre Louys, Paul Valéry, A.-F. Herold, Max Elskamp, Pierre Quillard, Maurice Maeterlinck, etc.
Les n°s de 1892 portent : *Dernière année.*

Ymagier (L'). Directeurs, Remy de Gourmont et Alfred Jarry. — Paris, 9, rue de Varenne.
Trimestriel. 64 à 80 pages gr. in-4°.
N° 1 : octobre 1894.
Estampes originales de Whistler, Gauguin, Robertson, L. Roy, Jossot, A. Seguin, O'Conor, Filiger, G. d'Espagnat, etc.

Laval. — Imprimerie parisienne L. BARNÉOUD & Ce

www.ingramcontent.com/pod-product-compliance
Ingram Content Group UK Ltd.
Pitfield, Milton Keynes, MK11 3LW, UK
UKHW031734170726
13836UKWH00002B/647